Für

Ein kleines Buch
für einen lieben Menschen

Ein kleines Buch

für einen lieben Menschen

ONCKEN

Herausgegeben von
Dorothee Dziewas

© 2002 Oncken Verlag
Wuppertal und Kassel
Gestaltung und Satz:
Ursula Stephan, Wetzlar
Druck:
Breklumer Druckerei Manfred Siegel KG

ISBN 3-7893-7410-5
Bestell-Nr. 627 410

Ich liebe dich nicht nur,
weil du bist, wie du bist,
sondern auch
weil ich bin, wie ich bin,
wenn ich bei dir bin.

Jedermann ist
jedermanns Verwandter,
wenn nicht durch das Blut,
so doch durch Taten
oder Gedanken.

Sprichwort aus Simbabwe

Alte Menschen sind stolz
auf ihre Enkelkinder,
und Kinder sind stolz
auf ihre Eltern.

Sprüche Salomos 17,6

Die Wohltaten des Vaters
übersteigen die Berge,
die Wohltaten der Mutter
sind größer als das Meer.

Japanische Weisheit

*Ein liebender Vater
ist immer auch
ein bisschen Mutter.*

Peter E. Schumacher

*E*in liebevoller Vater,
der wartet und besorgt ist,
der berät und Anteil nimmt,
gehört zu den
größten Geschenken,
die Gott uns geben kann.

Richard L. Evans

Nicht Fleisch und Blut,
das Herz
macht uns zu Vätern.

Friedrich von Schiller

*Wie sich ein Vater
über Kinder erbarmt,
so erbarmt sich der Herr
über die, die ihn fürchten.*

Psalm 103,13

─────────◯─────────

*W*enn man traurig ist,
ist man nirgends
so gut aufgehoben
wie auf Omas Schoß.

*Die Akzeptanz
der Unterschiede
ist Voraussetzung
für die Überraschung
von Gemeinsamkeiten.*

Sir Peter Ustinov

―――――◯―――――

Charakter mag sich in großen Augenblicken beweisen, geschmiedet wird er jedoch in den kleinen.

Die wichtigsten
Bestandteile
eines guten Charakters
sind Treue und Mitleid.

Carl Hilty

Sei wie ein Fels,
an dem sich beständig
die Wellen brechen!
Er bleibt stehen,
während sich rings um ihn
die angeschwollenen
Gewässer legen.

Marc Aurel

Wo Licht
in den Menschen ist,
scheint es
aus ihnen heraus.

Albert Schweitzer

*W*as du liebst, lass frei.
Kommt es zurück,
gehört es dir – für immer.

Chinesisches Sprichwort

―――――――〇―――――――

Beim Betrachten dessen,
was in einem Spiegel
vor dir ist, denke an das,
was dahinter ist.

Wu Wang

*In der Not allein
bewährt sich
der Adel großer Seelen.*

Friedrich von Schiller

―――――◇―――――

*A*us unzähligen
Mosaiksteinen des Lebens
ist das Charakterbild
eines Menschen entstanden,
noch nicht vollendet,
aber bunt und klar
und einzig in seiner Art.

Dem anderen
sein Anderssein verzeihen,
das ist der Anfang
der Weisheit.

Chinesisches Sprichwort

Die Qualitäten
eines Menschen
werden zwar erkannt,
aber zu selten geschätzt.

Katharina Eisenlöffel

Die Aufmerksamkeit
ist das Gedächtnis
des Herzens.

Französisches Sprichwort

Aufmerksamkeit
und Liebe
bedingen einander
wechselseitig.

Hugo von Hofmannsthal

*Berge kommen nicht
zusammen,
aber Menschen.*

Jiddische Spruchweisheit

Die größte aller Künste
ist die
des Zusammenlebens.

Bleibt niemand
etwas schuldig;
nur die Liebe schuldet ihr
einander immer.
Wer den andern liebt,
hat das Gesetz erfüllt.

Römerbrief 13,8

*K*eine Freundlichkeit,
so gering sie auch sein mag,
kann je vergeudet werden.

Äsop

*E*in freundliches Herz ist
ein Quell des Frohsinns,
das alles in seiner Nähe bis
zum Lächeln erfrischt.

Washington Irving

*B*ehüte den Schatz
„Freundlichkeit" in dir gut.
Lerne zu geben
ohne Zögern, zu verlieren
ohne Bedauern,
zu bekommen, ohne dich
ärmlich zu fühlen.

George Sand

Diejenigen,
die Sonnenschein in das
Leben anderer bringen,
können ihn nicht
von sich selber abhalten.

James M. Barrie

*E*s ist eine der schönsten
Vergütungen des Lebens,
dass man nicht einem
anderen Menschen
aufrichtig helfen kann,
ohne sich selbst zu helfen.

Ralph Waldo Emerson

$\mathcal{W}$ir alle sind zusammengedrängt auf einem sehr kleinen Planeten. Eine schwierige Familie. Eine Ansammlung enger Verwandter. Lasst uns freundlich miteinander sein.

Pam Brown

*M*it dir
zusammen zu sein,
ist wie ein Spaziergang
an einem schönen
klaren Morgen – mit dem
bestimmten Gefühl,
dahin zu gehören.

E. B. White

*Die gleichen
wunden Stellen
bringen Menschen rasch
einander näher.*

Alexander Herzen

*M*an ist nicht bloß
ein einzelner Mensch,
man gehört
einem Ganzen an.

Theodor Fontane

Durch Ebbe und Flut
wächst die
lebendige Gemeinschaft.

Johannes Müller

*K*einer von uns ist einzig für sich auf der Welt, er ist auch für alle anderen da.

Gregor von Nazianz

Das ist Gemeinschaft,
wenn jeder von jedem
empfängt und jeder
jedem danken kann.

Ernst Kühnel

$\mathcal{E}$in Haus
wird mit Händen gebaut,
aber ein Zuhause
mit dem Herzen.

Nicht da ist man daheim, wo man seinen Wohnsitz hat, sondern dort, wo man verstanden wird.

Christian Morgenstern

Das schönste Denkmal,
das ein Mensch
bekommen kann,
steht in den Herzen
der Mitmenschen.

Albert Schweitzer

In jedermann
ist etwas Kostbares,
das in keinem
anderen ist.

Martin Buber

Die wichtigste Zeit
ist die Gegenwart.
Der wichtigste Mensch
ist der, der mir
gegenübersteht.

Hans Stempel

*S*chiffe und Menschen
brauchen einen Hafen.

―――――◯―――――

Schön ist eigentlich alles,
was man
mit Liebe betrachtet.

Christian Morgenstern

Nichts kann den Menschen mehr stärken als das Vertrauen, das man ihm entgegenbringt.

Adolf von Harnack

𝒲o es Liebe regnet,
wünscht sich keiner
einen Schirm.

Aus Dänemark

*E*in liebes Wort
hat oft die Macht,
ein Wunder zu vollbringen;
es bringt aus Leid
und dunkler Nacht
ein Menschenherz
zum Klingen.

Friedrich Fischer-Friesenhausen

———————◯———————

Überall lernt man nur
von dem,
den man liebt.

Johann Wolfgang von Goethe

*Güte in den Worten
erzeugt Vertrauen;
Güte im Denken
erzeugt Tiefe;
Güte beim Verschenken
erzeugt Liebe.*

Laotse

*Der Segen der Eltern
ist es, der den Kindern
Hütten erbaut.*

Aus Japan

―――――◯―――――

*J*eder ist berufen,
etwas zu tun oder zu sein,
wofür kein anderer
berufen ist.

John Henry Newman

*E*s steht immer
einer neben uns,
der unsere Liebe braucht.

*W*o man Liebe aussät,
da wächst Freude empor.

William Shakespeare

Die Summe unseres
Lebens sind die Stunden,
in denen wir liebten.

Wilhelm Busch

*G*eteilte Freud'
ist doppelte Freude,
geteilter Schmerz
ist halber Schmerz.

Marcus Tullius Cicero

Liebenswürdigkeit,
Nachsicht und Rücksicht
sind die Schlüssel
zum Menschenherzen.

Johannes Bosco

Niemand besitzt
die wahre Freude,
wenn er nicht
in der Liebe ist.

Thomas von Aquin

Die beste Eigenschaft
ist ein gutes Herz.

Aus dem Talmud

Dass man immer noch lernen und sich ändern kann, ist herrlich, und auch, dass man die andern dazu braucht.

Monika Mayr

Liebe, die offen tadelt,
ist besser als eine,
die ängstlich schweigt.

Sprüche Salomos 27,5

*Jeder hat seinen Platz
und seine Aufgabe,
die niemand ersetzen kann.*

Der andere ist das,
was Gottes Liebe
aus ihm macht.

Helmut Thielicke

Warum sollen wir uns
damit begnügen,
Kopien zu sein,
wo Gott uns als Originale
in die Welt gesetzt hat?

Billy Graham

Und da stand auch
vor uns beiden
schon das Ziel:
Es soll voll Mühen
einer durch den andern
leiden,
einer durch den andern
blühen.

Christian Morgenstern

Liebe ist der Entschluss,
das Ganze eines Menschen
zu bejahen, die
Einzelheiten mögen sein,
wie sie wollen.

Otto Flake

Die Liebe lebt
von liebenswürdigen
Kleinigkeiten.

Theodor Fontane

*Richte nie
den Wert des Menschen
schnell nach einer
kurzen Stunde.
Oben sind bewegte Wellen,
doch die Perle
liegt am Grunde.*

Otto von Leixner

Die Liebe ist das
Wohlgefallen am Guten;
das Gute ist der
einzige Grund der Liebe.
Lieben heißt: jemandem
Gutes tun wollen.

Thomas von Aquin

Das ist das Größte, was
dem Menschen gegeben ist,
dass es in seiner Macht
steht, grenzenlos zu lieben.

Theodor Storm

Im Grunde sind es doch
die Verbindungen
mit Menschen,
welche dem Leben
Wert geben.

Wilhelm von Humboldt

Die Menschen,
denen wir eine Stütze sind,
geben uns Halt im Leben.

Marie von Ebner-Eschenbach

*M*it denen
verkehre am meisten,
mit denen du
am wenigsten
zu reden brauchst,
um verstanden zu werden.

Der Mensch ist die Medizin des Menschen.

Afrikanisches Sprichwort

Gibt es etwas Beglückenderes, als einen Menschen zu kennen, mit dem man sprechen kann wie mit sich selbst?

Marcus Tullius Cicero

―――――――◯―――――――

$\mathcal{D}$ie Liebe
zwischen Brüdern
ist eine starke Stütze
im Leben.

Vincent van Gogh

―――――◯―――――

$\mathcal{M}$ein Freund,
ich brauche dich –
wie eine Höhe,
in der man anders atmet.

Antoine de Saint-Exupéry

*Während ich mich
an deinen Grenzen stoße,
werden meine sichtbar.*

Kyrilla Spiecker

*W*er mir teuer ist,
ist mir teuer sogar dort,
wo er einen Fehler begeht.

Sprichwort aus Indien

Du bist nicht perfekt,
aber du bist perfekt
du selbst.
Das macht dich
so liebenswert
und wertvoll für mich.

*Ein guter Mensch
ist verlässlicher
als eine steinerne Brücke.*

Aus Russland

*W*enn Gott
einen Menschen misst,
legt er das Maßband
nicht um den Kopf,
sondern um das Herz.

Irisches Sprichwort

―――――◯―――――

Der Verstand
kann uns sagen,
was wir unterlassen sollen.
Aber das Herz
kann uns sagen,
was wir tun müssen.

Joseph Joubert

𝒟a, wo die Herzen
weit sind,
da ist das Haus
nicht zu eng.

Johann Wolfgang von Goethe

Der Glaube bringt
den Menschen zu Gott,
die Liebe bringt ihn
zu den Menschen.

Martin Luther

𝒟as Große ist nicht,
dies oder das zu sein,
sondern man selbst zu sein.

Sören Kierkegaard

*S*chlagt eure Zelte
weit voneinander auf,
aber nähert eure Herzen.

Aus dem Arabischen

―――――――――――⬯―――――――――――

*G*egenseitige Hilfe
macht selbst
arme Leute reich.

Chinesisches Sprichwort

—◯—

Das Wichtigste
für den Menschen
ist der Mensch,
da liegt nicht bloß
sein Glück,
da liegt auch
seine Gesundheit.

Theodor Fontane

*Vergiss Kränkungen,
aber nie Freundlichkeiten.*

Konfuzius

———————◯———————

*E*in einziges
freundliches Wort
kann drei kalte
Wintermonate erwärmen.

Japanisches Sprichwort

———————————◯———————————

Lasst uns Gutes tun
und nicht müde werden.

Galater 6,9

Verstand und Genie
rufen Achtung
und Hochschätzung hervor,
Witz und Humor
erwecken Liebe
und Zuneigung.

David Hume

Liebe ist wie
das tägliche Brot:
immer gleich
und doch
immer wieder anders.

Sigrid Undset

———————◯———————

Nicht Heimat suchen,
sondern Heimat werden
sollen wir.

Ina Seidel

*Allein ist der Mensch
ein unvollkommenes Ding;
er muss einen zweiten
finden, um glücklich
zu sein.*

Blaise Pascal

Die Freundschaft
und die Liebe
sind zwei Pflanzen
an einer Wurzel.
Die Letztere hat nur
einige Blüten mehr.

Friedrich Gottlieb Klopstock

―――――○―――――

*L*iebe ist geduldig und freundlich. Sie kennt keinen Neid, keine Selbstsucht, sie prahlt nicht und ist nicht überheblich. Diese Liebe erträgt alles, sie glaubt alles, sie hofft alles und hält allem stand.

1. Korintherbrief 3, 4 und 7

Vielen teile deine Freuden,
allen Munterkeit
und Scherz,
wenig Edlen deine Leiden,
Auserwählten nur
dein Herz.

J. G. von Salis-Seewis

Nur jeden Tag
eine halbe Stunde gesät
für andere,
und du wandelst im Alter
durch ein Ährenfeld der
Freundschaft
und der Freude.

Emil Frommel

———————◯———————

*W*er Christus
ähnlicher wird,
öffnet die Tür
für Freundschaften.

Billy Graham

Wir danken den Verlagen für den freundlicherweise gestatteten Abdruck bei ihnen urheberrechtlich geschützter Texte.

Die Bibelzitate wurden folgenden Übersetzungen entnommen:

Spr. 17,6; 1. Kor. 3,4+7: Hoffnung für alle (Brunnen Verlag Basel und Gießen), Copyright © 1983/1996 by International Bible Society

Ps. 103,13; Gal. 6,9: Lutherbibel, revidierter Text 1984, © 1985 Deutsche Bibelgesellschaft, Stuttgart

Röm. 13,8: Einheitsübersetzung der Heiligen Schrift, © 1980 Katholische Bibelanstalt, Stuttgart

Spr. 27,5: Gute Nachricht Bibel, revidierte Fassung, © 1997 Deutsche Bibelgesellschaft, Stuttgart

S. 47: Martin Buber, © Gütersloher Verlagshaus, Gütersloh

S. 82: Antoine de Saint-Exupéry, © Karl Rauch Verlag, Düsseldorf

112 Seiten,
Paperback,
Bestell-Nr.:
627 411

Dieses Buch zeigt den unschätzbaren Wert der Freundschaft und ist ein wunderbares Zeichen der Zuneigung für Freunde und solche, die es werden sollen.

ONCKEN VERLAG WUPPERTAL UND KASSEL

112 Seiten,
Paperback,
Bestell-Nr.:
627 412

Glücklichsein, das möchte jeder. Doch was macht unser Glück aus? Ein kleines Buch zum Glücklichsein ist für Jung und Alt ein willkommenes Geschenk – und es passt immer!

ONCKEN VERLAG WUPPERTAL UND KASSEL

112 Seiten,
Paperback,
Bestell-Nr.:
627 413

Im Alltag eine Zeit lang innehalten, die Gedanken auf Reise schicken und die Seele baumeln lassen – dazu helfen diese 100 Worte für die stillen Momente im Leben.

ONCKEN VERLAG WUPPERTAL UND KASSEL